Frank H. Berndt

30 Minuten

Burn-out

Bibliografische Information der Deutschen Nationalbibliothek

Die Deutsche Nationalbibliothek verzeichnet diese Publikation in der Deutschen Nationalbibliografie; detaillierte bibliografische Daten sind im Internet über http://dnb.d-nb.de abrufbar.

Umschlag und Layout: die imprimatur, Hainburg
Lektorat: Friederike Mannsperger, Offenbach
Satz: Zerosoft, Timisoara, Rumänien
Druck und Verarbeitung: Salzland Druck, Staßfurt

© 2008 GABAL Verlag GmbH, Offenbach
10. Auflage 2013

Printed in Germany

978-3-86936-255-7

In 30 Minuten wissen Sie mehr!

Dieses Buch ist so konzipiert, dass Sie in kurzer Zeit prägnante und fundierte Informationen aufnehmen können. Mithilfe eines Leitsystems werden Sie durch das Buch geführt. Es erlaubt Ihnen, innerhalb Ihres persönlichen Zeitkontingents (von 10 bis 30 Minuten) das Wesentliche zu erfassen.

Kurze Lesezeit

In 30 Minuten können Sie das ganze Buch lesen. Wenn Sie weniger Zeit haben, lesen Sie gezielt nur die Stellen, die für Sie wichtige Informationen beinhalten.

- Alle wichtigen Informationen sind blau gedruckt.

- Schlüsselfragen mit Seitenverweisen zu Beginn eines jeden Kapitels erlauben eine schnelle Orientierung: Sie blättern direkt auf die Seite, die Ihre Wissenslücke schließt.

- *Zahlreiche Zusammenfassungen innerhalb der Kapitel erlauben das schnelle Querlesen.*

- Ein Fast Reader am Ende des Buches fasst alle wichtigen Aspekte zusammen.

- Ein Register erleichtert das Nachschlagen.

Inhalt

Vorwort

Burn-out – jedes Jahr erleiden Tausende ehemals hoch motivierte Menschen den Zusammenbruch ihres emotionalen, geistigen und körperlichen Leistungsvermögens. Sie sind am Ende, seelisch verausgabt, ausgebrannt.

Viele von ihnen sind Lehrer, Ärzte, Pflegekräfte, Sozialarbeiter oder Pastoren. Doch längst hat das „Burn-out-Syndrom" auch ganz andere Berufsgruppen erfasst. Vor allem unter den Verantwortungsträgern in Wirtschaftsunternehmen, unter Führungskräften, Managern, Selbstständigen ist die Zahl der Betroffenen rasant gestiegen. Der durch Stress und Burn-out verursachte volkswirtschaftliche Schaden beläuft sich Schätzungen zufolge allein in Deutschland auf einen hohen zweistelligen Milliardenbetrag – jährlich! Doch dies ist „nur" der materielle Schaden. Der immaterielle Verlust, z. B. an Know-how etwa durch eine Berufsunfähigkeit der Betroffenen oder – auf privater Seite – an intakten Familienverhältnissen durch die stark eingeschränkte Belastbarkeit des Vaters bzw. der Mutter, lässt sich kaum ermessen.

Auf den folgenden Seiten erhalten Sie Einblick in die Hintergründe dieses Phänomens. Sie erfahren, wie das Burn-out-Syndrom entsteht, an welchen Merkmalen Sie es erkennen und welche Maßnahmen Sie dagegen ergreifen können.

Ich wünsche Ihnen gute Gedanken bei der Lektüre … und ein paar zusätzliche Minuten, in denen Sie das Gelesene reflektieren und Ihre Seele baumeln lassen können.

Ihr Frank H. Berndt

Burn-out-Selbsttest

Kreuzen Sie an, in welchem Grad folgende Aussagen auf Sie zutreffen:

Ich fühle mich ausgelaugt, erschöpft, leer, versuche nur noch zu „funktionieren".
❑ fast nie　　❑ selten　　☒ häufig　　❑ sehr oft

Ich vermisse meine frühere Kreativität, meinen Elan, den Wunsch, etwas zu bewirken.
❑ fast nie　　☒ selten　　❑ häufig　　❑ sehr oft

Auf Druck von außen oder Kritik reagiere ich gereizt oder beleidigt.
❑ fast nie　　❑ selten　　☒ häufig　　❑ sehr oft

Ich schlafe schlecht.
❑ fast nie　　☒ selten　　❑ häufig　　❑ sehr oft

Ich habe das Bedürfnis, mich zurückzuziehen und in Ruhe gelassen zu werden.
❑ fast nie　　❑ selten　　☒ häufig　　❑ sehr oft

Begegnungen mit Menschen stressen mich oder laugen mich aus.
❑ fast nie　　☒ selten　　❑ häufig　　❑ sehr oft

Ich ertappe mich in Tagträumereien, bin gedanken-
verloren, unkonzentriert, unproduktiv.

☒ fast nie ☐ selten ☐ häufig ☐ sehr oft

Ich bin anfällig für Krankheiten.

☐ fast nie ☒ selten ☐ häufig ☐ sehr oft

Ich habe das Gefühl, dass zu vieles an mir allein hängen bleibt.

☐ fast nie ☐ selten ☒ häufig ☐ sehr oft

Ich vermisse Wertschätzung – von meinen Vorge-
setzten, Kollegen, Patienten, Schülern.

☐ fast nie ☒ selten ☐ häufig ☐ sehr oft

Ich habe einen Hang zum Zynismus.

☐ fast nie ☒ selten ☐ häufig ☐ sehr oft

Meine Arbeit überfordert mich.

☐ fast nie ☒ selten ☐ häufig ☐ sehr oft

Durch mein berufliches Engagement kommt mein
Privatleben zu kurz.

☐ fast nie ☐ selten ☒ häufig ☐ sehr oft

Ich arbeite lange, mache Überstunden oder nehme
den Beruf mit ins Wochenende.

☐ fast nie ☐ selten ☒ häufig ☐ sehr oft

Ich greife nach Aufputschmitteln, um einigermaßen über die Runden zu kommen.

☑ fast nie ☐ selten ☐ häufig ☐ sehr oft

Mir fehlt die sexuelle Lust.

☐ fast nie ☐ selten ☑ häufig ☐ sehr oft

Ich habe den Wunsch auszusteigen.

☐ fast nie ☑ selten ☐ häufig ☐ sehr oft

Ich versumpfe vor dem Fernseher, trinke Alkohol oder versuche, auf eine andere Weise die Gedanken an die Arbeit abzuschalten.

☑ fast nie ☐ selten ☐ häufig ☐ sehr oft

Gedanken an meine Arbeit entziehen mir emotional Energie.

☑ fast nie ☐ selten ☐ häufig ☐ sehr oft

Ich bin mit meiner Leistung unzufrieden.

☐ fast nie ☑ selten ☐ häufig ☐ sehr oft

Auswertung:

a) Zählen Sie nun zusammen, wie oft Sie welche Nennung angekreuzt haben. Tragen Sie die Ergebnisse in die freien Spalten der Tabelle ein.

„fast nie"	4	× 1	4
„selten"	9	× 2	18
„häufig"	7	× 3	21
„sehr oft"	0	× 4	0
Prüfsumme	20	gesamt:	33

b) Multiplizieren Sie nun die Nennungen „fast nie" mit dem Faktor 1, „selten" mit dem Faktor 2, „häufig" mit 3 usw. und tragen Sie die jeweiligen Ergebnisse in die rechte Spalte ein.

c) Addieren Sie nun die Zahlen der rechten Spalte und tragen Sie die Gesamtsumme in das Feld unten rechts ein.

Ergebnis:

20-28 Punkte: Sie scheinen am weitesten von einem Burn-out entfernt zu sein. Das mag entweder daran liegen, dass Sie (aus welchen Gründen auch immer) zu Ihrem Beruf eine sehr große Distanz haben. Oder aber daran, dass Sie hoch motiviert sind und förmlich in Ihren Aufgaben aufgehen. Sollte Letzteres der Fall sein, ist eine gewisse Vorsicht angebracht. Möglicherweise befinden Sie sich in einer Phase der Euphorie. Achten Sie – trotz der Begeisterung – auf eine gesunde Abgrenzung zu Ihrem Job und auf den nötigen Ausgleich. Andernfalls kann dieser „Höhenflug" zum Anfangsstadium eines Burn-outs werden.

29-43 Punkte: Vieles deutet darauf hin, dass Sie zum gegenwärtigen Zeitpunkt nicht am Burn-out-Syndrom leiden. Sie scheinen mit den Belastungen in Ihrem Leben weitgehend zurechtzukommen. Nichts desto trotz haben Sie einzelne Sätze mit „häufig" oder „sehr oft" beantwortet. Auch ohne von einem „Burn-out" zu sprechen, könnte es sich lohnen, diese Punkte einmal näher anzuschauen und nach deren Ursachen zu fragen. Achten Sie auf einen guten und gesunden Ausgleich und überprüfen Sie von Zeit zu Zeit Ihren „Energiehaushalt". Je früher Sie ein allfälliges Ungleichgewicht bemerken und wieder zur Balance finden, umso besser.

44-58 Punkte: Die Wahrscheinlichkeit ist hoch, dass Sie bereits ein Frühstadium des Burn-outs erreicht haben und dabei sind, auszubrennen. Es ist Zeit, zu handeln! Beherzigen Sie die Anregungen in diesem Buch. Im gegenwärtigen Stadium haben Sie hierzu noch Kraftreserven. Diese werden Ihnen nicht mehr zur Verfügung stehen, wenn Sie noch länger warten. Scheuen Sie sich nicht, professionelle Unterstützung (z. B. ärztliche oder psychologische Beratung,

Coaching) in Anspruch zu nehmen, um Zusammenhänge zu erkennen und grundlegende Dinge in Ihrem Berufs- und Privatleben zu ändern.

59-80 Punkte: Ihr Ergebnis untermauert, was Sie bereits erahnt haben: Sie sind vermutlich ausgebrannt! Die in diesem Buch aufgeführten Erläuterungen zum Burn-out-Syndrom mögen eine Hilfe für Sie sein. Sehr wahrscheinlich sind Sie jedoch nicht mehr in der Lage, die entsprechenden Gegenmaßnahmen aus eigener Kraft umzusetzen. Konsultieren Sie auf jeden Fall einen Arzt. Suchen Sie sich eine professionelle Beratung. Sie brauchen jemanden, der Ihnen dabei hilft, die Mechanismen zu erkennen, die zu diesem Zustand geführt haben. Je länger Sie warten, umso langwieriger und vor allem auch schwieriger wird der Heilungsprozess.

Bitte beachten Sie:
Ihr Testergebnis liefert zwar erste Anhaltspunkte, ersetzt jedoch nicht die medizinische oder psychologische Diagnose! Sollten Sie bei sich Anzeichen für einen massiven Erschöpfungszustand entdecken, rate ich Ihnen ausdrücklich, professionellen Rat zu suchen – je früher, desto besser.

30 MINUTEN

1. Burn-out – vorübergehendes Tief oder kritischer Zustand?

Obwohl der Begriff „Burn-out" heutzutage in aller Munde ist, wird eine zuverlässige Diagnose gerade durch diese oft leichtfertige „Etikettierung" erschwert. Doch woher kommt eigentlich der Begriff und was genau ist darunter zu verstehen?

Auf den folgenden Seiten erfahren Sie, was sich hinter dem Begriff verbirgt, wie er von der Bezeichnung einer Randerscheinung zum Modewort wurde, und was der Begriff Burn-out-Syndrom bedeutet.

1.1 Burn-out – der Begriff

Ursprünglich ist der Begriff „Burn-out" (engl. „to burn out", dt. „ausbrennen") ein technischer: In der Kernenergie bezeichnet „Burn-out" das Durchbrennen von Brennstoffelementen aufgrund von Überhitzung. In der Luft- und Raumfahrt ist es der durch Treibstoffmangel hervorgerufene Ausfall eines Flugzeugstrahltriebwerks bzw. der Brennschluss einer Raketenstufe.

Überträgt man dies auf den Menschen, so geht es beim Burn-out-Syndrom um Personen, die „heiß gelaufen" sind, deren „inneres Feuer" aufgrund mangelnder „Brennstoffzufuhr" (etwa durch fehlende Erfolgserlebnisse, Wertschätzung, positive Rückmeldungen etc.) erloschen ist.

Nicht wenige der Betroffenen haben das Gefühl, versagt zu haben, an den Herausforderungen des Lebens gescheitert zu sein.

Das Tragische dabei ist: Gerade diese Menschen hatten einmal „Feuer gefangen", haben für eine Sache „gebrannt". Sie waren motiviert, haben sich investiert, wollten etwas erreichen! Und dafür waren sie bereit, bis an ihre Belastungsgrenze und darüber hinaus zu gehen.

Nun ist ihre persönliche Leistungsfähigkeit zusammengebrochen. Sie können nicht mehr. Sie sind am

Ende, erschöpft, emotional völlig verausgabt. Ihnen fehlt jeglicher Antrieb, jeglicher „Schub" nach vorn. Sie haben resigniert. Ja, mehr noch: An die Stelle der früheren Begeisterung ist nun die Angst getreten, das alltägliche Leben nicht mehr bewältigen zu können.

Der Begriff „Burn-out" stammt ursprünglich aus einem technischen Umfeld. Dieser Gebrauch lässt sich auf den Menschen übertragen: Vom Burn-out-Syndrom Betroffene „laufen heiß" oder verlieren aufgrund mangelnder Energiezufuhr ihre Leistungsfähigkeit.

1.2 Von der Randerscheinung zum Modewort

Es war vor allem ein Aufsatz des deutschstämmigen Psychoanalytikers Herbert J. Freudenberger im „Journal of Social Issues" (1974), der die Burn-out-Diskussion in Gang gesetzt hat. Darin beschreibt Freudenberger einen Zustand der totalen körperlichen, seelischen und geistigen Erschöpfung, den er sowohl bei sich selbst als auch bei ehemals motivierten und engagierten Mitarbeitern in sozialen Einrichtungen beobachtet hatte.

Zwar begann man in den 80er-Jahren auch hierzulande, sich mit diesem Phänomen auseinanderzusetzen. Allerdings wurde die Diskussion anfänglich nur von einigen Spezialisten geführt. Burn-out war über lange Jahre eine oft nicht ernst genommene Randerscheinung – ein Sonderfall, beschränkt auf wenige helfende Berufsgruppen. Erst in neuerer Zeit – ausgelöst durch die Erkrankung einiger prominenter Spitzensportler, Politiker und Manager – rückte das Burn-out-Syndrom ins Blickfeld der Öffentlichkeit.

Es mag an der noch relativ jungen Geschichte der Burn-out-Forschung liegen, eher jedoch an der unscharfen Abgrenzung zur Depression und der Vielschichtigkeit von Ursachen und Symptomen, dass bis heute so mancher Arzt Schwierigkeiten hat, einen Burn-out zu erkennen oder als Krankheit auszumachen.

Erschwert wird die seriöse Auseinandersetzung mit dieser Erkrankung zudem dadurch, dass der Begriff „Burn-out" mittlerweile zu einem Modewort avanciert ist und nahezu jede berufsbedingte Phase der Formschwäche mit diesem Etikett versehen wird.

Aus dem zunächst kaum beachteten ist heute ein oft inflationär gebrauchter Begriff geworden. Dieser Umstand und die Tatsache, dass das Burn-out-Syndrom in seiner Symptomatik häu-

fig einer Depression ähnelt oder in diese über-
geht, erschwert eine präzise Diagnose.

1.3 Mehr als eine vorübergehende Erschöpfung

Ein Burn-out-Syndrom entsteht, wenn über einen längeren Zeitraum hinweg die Energie*abgabe* größer ist als die Energie*zufuhr*. Dieser Energieverlust geschieht meist schleichend – oft über Monate und Jahre hinweg. Die Betroffenen nehmen den allmählichen Abbau ihrer Ressourcen selbst kaum wahr. Dies hat zur Folge, dass die Entscheidung, etwas dagegen unternehmen zu müssen, meist zu spät fällt – nämlich erst dann, wenn kaum mehr Kraftreserven hierfür vorhanden sind.

Der in solch einer Situation gern gegebene Ratschlag „Mach mal Urlaub!" mag gut gemeint sein. Einem Menschen, der wirklich am Burn-out-Syndrom leidet, hilft dies wenig.

Durch die „Unterschreitung des Nullpunkts" wurde – ähnlich wie bei einem Akku aus früheren Baureihen – die „Speicherkapazität" beschädigt. Ein einfaches Aufladen ist nicht mehr möglich. Jeder Regenerationsversuch verpufft innerhalb kürzester Zeit! Und selbst wenn es durch eine Auszeit gelingt einige der Symptome kurzfristig zu mildern: Die eigentliche Wurzel des Burn-outs bleibt unberührt, sodass die Gefahr, erneut auszubrennen, latent vorhanden ist.

Die allerwenigsten sind in der Lage, ihren Erschöpfungszustand aus eigener Kraft nachhaltig zu überwinden. Dies hat – neben dem bisher Genannten – auch damit zu tun, dass ein Burn-out nie auf eine einzelne Ursache zurückzuführen ist. Er entsteht vielmehr aus einem Zusammenspiel mehrerer Faktoren. Und da die Betroffenen selbst „Teil des Systems" sind, ist es für sie äußerst schwierig, den tiefer liegenden Zusammenhängen ohne fremde Hilfe auf die Spur zu kommen.

Extreme Arbeitsbelastung und Leistungsbereitschaft können einen Teufelskreis auslösen, der zu Burn-out führt:

- *Beachten Sie die für Burn-out typischen Merkmale der körperlichen und seelischen Erschöpfung.*
- *Der heute oft leichtfertige Sprachgebrauch und die Nähe zur Depression erschwert die präzise Diagnose.*
- *Das Gefährliche am Burn-out-Syndrom: ein „schleichender" Energieverlust.*

30 MINUTEN

2. Symptome

Menschen, die „ausgebrannt" sind, befinden sich in einem Zustand der totalen Erschöpfung. Selbst kleinste Aufgaben erscheinen ihnen übergroß. Unter diesem Eindruck der Überforderung ziehen sie sich in sich selbst zurück.

Im Verlauf eines Burn-outs kommt es zu einem dramatischen Abbau der

- emotionalen,
- sozialen,
- intellektuellen und
- körperlichen Leistungsfähigkeit.

2.1 Emotionale Symptome

Bei Menschen, die vom Burn-out-Syndrom betroffen sind, verändert sich häufig zunächst die Gefühlslage. Signale hierfür sind unter anderem:

- Verlust von Idealismus, Desillusion, Frustration,
- vermindertes Einfühlungsvermögen, Apathie, Gleichgültigkeit, mechanisches „Funktionieren",
- verringerte emotionale Belastbarkeit,
- Hang zur Nörgelei, Ungeduld, Intoleranz,
- Dünnhäutigkeit, leichte Reizbarkeit, unkontrollierte Gefühlsausbrüche,
- Neigung zum Weinen,
- aggressives Verhalten mit Schuldzuweisungen,
- starker Widerwille, täglich zur Arbeit zu gehen,
- latentes Misstrauen, paranoide Vorstellungen,
- Stereotypisierung von Klienten,
- Zynismus, Sarkasmus,
- Grundgefühl der Niedergeschlagenheit und Entmutigung,
- vermehrt depressive Reaktionen und Rückzug,
- Schuldgefühle, Selbstvorwürfe, Selbstverachtung, Selbstanklage,
- Gefühl der Hilflosigkeit, Ohnmacht,
- Selbstmitleid,
- unbestimmte Angst und Nervosität,
- Gefühl der Leere und existenziellen Verzweiflung,
- Flucht- und Suizidgedanken.

2.2 Soziale Symptome

Mit der Gefühlslage kommt es zu Veränderungen im Beziehungsgeflecht – sowohl im beruflichen als auch im privaten Umfeld.

Auffälligkeiten sind hier:

- Empfinden sozialer Kontakte als Belastung,
- Unfähigkeit, sich auf Mitarbeiter, Kunden, Klienten, Schüler, Patienten einzulassen oder ihnen zuzuhören,
- Überdruss, Unlust, Menschen zu begegnen,
- Wunsch, sich den Erwartungen anderer zu entziehen,
- Verschieben von Kunden- oder Klientenkontakten,
- häufigere Fehlzeiten am Arbeitsplatz (z. B. Krankschreibungen),
- längere Pausen,
- verringerte Konfliktfähigkeit, übersteigerte Reaktionen,
- verringerte Belastbarkeit im Privatleben,
- Isolierung und Rückzug (z. B. Flucht in Computerspiele, überhöhter Fernsehkonsum oder andere Mittel, um das Denken abzuschalten),
- Ehe- und Familienprobleme.

2.3 Intellektuelle Symptome

Mit der emotionalen und sozialen Leistungsfähigkeit sinkt auch die geistige – anfangs zunächst unmerklich, später dann rapide. Bei Menschen, die dabei sind, auszubrennen, zeigen sich:

- Konzentrationsstörungen, Neigung zu Tagträumen,
- Unproduktivität,
- Gedächtnisschwäche,
- Gefühl der Überforderung – vor allem bei komplexen Aufgaben oder Veränderungen,
- mangelnde Fähigkeit, sich auf Neues einzulassen, sich mit Unbekanntem auseinanderzusetzen,
- Vereinfachung des Denkens (Schwarz-Weiß-Denken),
- Schwierigkeiten, Entscheidungen zu treffen und durchzusetzen,
- Einbuße an Fantasie und Flexibilität,
- Verlust an Motivation,
- Initiativlosigkeit, Minimalismus, Dienst nach Vorschrift.

2.4 Körperliche Symptome

Häufig kommt es aufgrund der starken psychischen Belastung auch zu körperlichen Reaktionen, die in unterschiedlicher Intensität zutage treten können, z. B. in Form von:

- Schlaf- bzw. Durchschlafstörungen, Albträumen,
- Müdigkeit, Erschöpfung, Schwäche und Energiemangel,
- vermehrtem Griff zu Aufputschmitteln, Hilfs- oder Verdrängungsmitteln (z. B. erhöhter oder gar exzessiver Konsum von Koffein, Nikotin, Alkohol oder anderen stimulierenden Drogen; erhöhte Einnahme von Medikamenten),
- einer Abnahme der Reaktionsschnelligkeit – erhöhter Unfallgefährdung,
- Verspannungen, v. a. Hals- und Schultermuskulatur, Rückenschmerzen,
- häufigen Kopfschmerzen,
- einem geschwächten Immunsystem, häufiger Erkältungen und Grippe,
- Magen-Darm-Beschwerden,
- erhöhter Pulsfrequenz, erhöhtem Blutdruck,
- Nervenreizung, nervösen Ticks,
- Atembeschwerden,
- einer Veränderung der Essgewohnheiten, erhöhtem Cholesterinspiegel,
- sexuellen Problemen, mangelnder Lust.

Viele der genannten Symptome sind nicht nur die Folgen eines Burn-outs, sondern wirken zugleich auch als dessen Beschleuniger.

So können beispielsweise unbewältigte Probleme Verspannungen, Kopfschmerzen oder Schlafstörungen hervorrufen. Die Kopfschmerzen oder Schlafstörungen ihrerseits schränken wiederum die Leistungsfähigkeit des Betroffenen ein, sodass dieser nicht in der Lage ist, die anstehenden Aufgaben anzugehen. Diese werden zu neuen Problemen, während die alten noch immer unbewältigt sind. Ein Teufelskreis beginnt.

Ähnlich verhält es sich mit dem emotionalen Rückzug der Betroffenen. Meist ist die Ursache hierfür das Gefühl, mit den Erwartungen anderer überfordert zu sein. Durch den Rückzug werden weitere Erwartungen an den Betroffenen herangetragen, z. B. die Forderung: „Zieh dich nicht so zurück!" Das führt dazu, dass das Gefühl der Überforderung wächst und der emotionale Rückzug sich verschärft – bis zum Zerbrechen von Beziehungen.

Beim Burn-out treten
- *emotionale,*
- *soziale,*
- *intellektuelle und*
- *körperliche Symptome*

in unterschiedlichen Ausprägungen auf. Diese sind nicht nur Folgen, sondern zum Teil auch Beschleuniger des Erschöpfungszustands. Je früher Anzeichen für einen Burn-out erkannt werden, desto schneller können der Burn-out-Teufelskreis unterbrochen und negative Folgen für die Gesundheit vermieden werden.

30 MINUTEN

3. Ursachen

Wie kommt es zu einem Burn-out? In wissenschaftlichen Untersuchungen und Publikationen schälen sich vor allem zwei Erklärungsansätze heraus: Während die einen die Ursache im Umfeld, also in den „äußeren Faktoren" suchen, legen die anderen den Fokus mehr auf die Persönlichkeit, die „innere Disposition" des Betroffenen.

Die Wahrheit liegt jedoch – wie so oft – dazwischen! Denn weder die äußeren Faktoren noch die innere Disposition des Betreffenden liefern – einzeln betrachtet – eine schlüssige Erklärung für die Entstehung von Burn-out. Vielmehr ist es ein Zusammentreffen dieser beiden Elemente, aus dem ein Burn-out entsteht.

3.1 Äußere Faktoren

Burn-out wird begünstigt durch:
- zu hohe Arbeitsbelastung, Stress,
- mangelnde Ressourcen (Personal, Finanzmittel, ideelle Unterstützung),
- kein oder wenig positives Feedback,
- ständige Konfrontation mit Problemen (z. B. durch Kunden, Klienten, Schüler etc.),
- keine klare Abgrenzung zwischen Beruf und Privatleben (z. B. ständige Verfügbarkeit via Mobiltelefon, zu geringer räumlicher Abstand etc.),
- zu starke Involvierung in die Problemlage des Unternehmens/der Einrichtung,
- hohe oder auch unklare Erwartungen und Zielvorgaben (wann ist genug genug?),
- Zerrissenheit zwischen den Erwartungen des Chefs, der Mitarbeiter, der Kunden, Klienten oder Patienten,
- problematische Arbeitsorganisation, Strukturen und Rahmenbedingungen,
- administrative Zwänge,
- geringe Flexibilität in der Organisation, wenig Handlungs- und Entscheidungsspielraum des Einzelnen,
- schlechte Teamarbeit, Konflikte, Kompetenzgerangel,

- das Fehlen sozialer Unterstützung,
- Überforderung durch zu komplexe Aufgaben,
- geringer Verdienst (hauptsächlich in Non-Profit-Organisationen) und die darin gesendete Botschaft: „Deine Arbeit ist nicht viel wert!",
- ständiges Einstellen auf neue Situationen mit der verbundenen Unsicherheit,
- Angst vor Arbeitsplatzverlust.

Keine Frage: Die genannten „äußeren Faktoren" erhöhen das Burn-out-Risiko deutlich. Als alleinige Erklärung für das Burn-out-Syndrom reichen diese jedoch nicht aus. Denn wie kommt es, dass unter denselben widrigen Arbeitsbedingungen der eine ausbrennt und der andere nicht? Müssten, wenn es allein an den äußeren Umständen läge, nicht alle, die unter diesen widrigen Bedingungen arbeiten, einen Burn-out erleiden?

Manche Menschen scheinen gegen das Burn-out-Syndrom geradezu immun zu sein, während andere eine besondere Anfälligkeit zeigen – warum?

Alles deutet darauf hin, dass zu den „äußeren Umständen" noch ein zweiter wichtiger Faktor hinzukommen muss, damit Menschen anfangen auszubrennen: die Persönlichkeitsstruktur des Betroffenen.

30 *Ungünstige Rahmenbedingungen im Berufs- und Privatleben erhöhen das Burn-out-Risiko. Als alleinige Erklärung für ein Ausgebranntsein reichen sie jedoch nicht aus.*

3.2 Innere Faktoren

Das Tragische am Burn-out-Syndrom ist, dass es zumeist Menschen betrifft, die motiviert und engagiert an die Arbeit gehen. Sie wollen etwas erreichen oder – wie wir noch sehen werden – etwas anderes um jeden Preis vermeiden. Und dafür sind sie bereit, sich auch über ihre Ressourcen hinaus zu investieren.

Von außen werden diese Menschen meist als „leistungsfähig", „hilfsbereit", „zuverlässig" etc. bezeichnet. Doch was bewegt, was zieht, was drängt diese Menschen in ihrem Innern? Gibt es möglicherweise ein Motiv, das sie dazu treibt, bis an ihre Belastungsgrenze und darüber hinaus zu gehen?

Ein Burn-out wird begünstigt durch:

- sehr hohe Ideale/Ehrgeiz,
- Perfektionismus,
- die Unfähigkeit, „Nein" zu sagen,
- die Angst vor Ablehnung,
- die Angst, den Erwartungen anderer nicht zu entsprechen,

- die Angst vor Gesichtsverlust – z. B. wenn ein bestimmtes Projekt scheitert,
- die Angst, das Chaos könnte hereinbrechen,
- die Angst vor dem Verlust des Arbeitsplatzes,
- die Angst, Sicherheit zu verlieren,
- die Angst vor Versagen,
- die Angst vor Kritik,
- die Angst, als Verlierer dazustehen,
- die Angst, in der „grauen Masse" unterzugehen,
- die Angst, „es" nicht zu schaffen,
- den Wunsch, gut, der/die Beste zu sein,
- den Wunsch, erfolgreich zu sein,
- den Wunsch, es den andern zu zeigen, etwas beweisen wollen,
- den Wunsch, den Menschen wirklich helfen zu können,
- den Wunsch, etwas zu bewirken, den „Unterschied zu machen",
- den Wunsch nach Anerkennung, Wertschätzung,
- den Wunsch nach materieller Sicherheit.

Bei der Entstehung des Burn-out-Syndroms spielen neben den äußeren, widrigen Umständen die Persönlichkeitsstruktur des Betroffenen, dessen Wünsche und Ängste eine wesentliche Rolle.

3.3 Das Zusammenspiel von äußeren und inneren Faktoren

Solange die äußeren Umstände und Ihre innere Disposition (Ihre Ängste, Wünsche, Ziele) gut harmonieren, ist die Gefahr, auszubrennen, relativ gering.

Beispiel
- Sie wollen erfolgreich oder der Beste sein: Wenn Sie sich in einem Umfeld bewegen, in dem Sie dies sein können – kein Problem.
- Sie haben Angst vor Kritik: Wenn Sie sich in einem Umfeld bewegen, in dem Sie alles richtig machen und dadurch Kritik vermeiden können – kein Problem.

Gefährlich wird es allerdings, wenn Sie mit Ihrer inneren Disposition aber auf entsprechend ungünstige äußere Umstände treffen, in denen Ihre tiefer liegenden Ängste verstärkt bzw. Ihre Wünsche und Ziele (siehe 3.2) verhindert werden.

Beispiel
- Sie wollen erfolgreich, der Beste sein, haben es aber mit einem Chef, mit Kollegen oder Kunden zu tun, die gerade diesem Wunsch im Wege stehen.
- Sie haben Angst vor Kritik, haben nun aber Aufgaben zu erledigen, bei denen es nahezu

> unmöglich ist, sie fehlerfrei zu bewältigen oder
> es allen recht zu machen.

In diesem Fall haben Sie plötzlich mit Umständen zu kämpfen, die Ihrem inneren Wunsch oder Ihrer inneren Angst entgegenstehen. Um trotz dieser widrigen Umstände zu erreichen, was Sie im Innern anstreben (oder zu vermeiden, wovor Sie im Innern Angst haben), müssen Sie Ihre Anstrengung erhöhen. Sie müssen, um bei den genannten Beispielen zu bleiben, sich noch mehr anstrengen, um trotz der Umstände erfolgreich zu sein. Sie müssen noch penibler arbeiten, um trotz der Umstände Fehler und Kritik zu vermeiden. Zu dieser Leistungssteigerung sind Sie bereit – und zwar umso mehr, je tiefer Ihre Angst sitzt oder je stärker Ihr Wunsch ist ... notfalls bis zur totalen Erschöpfung (siehe 5.3 „Innere Antreiber")!

Wenn der Betroffene mit seinen inneren Ängsten, Wünschen und Zielen auf bestimmte, für ihn ungünstige äußere Umstände trifft, besteht akute Burn-out-Gefahr!

3.4 Burn-out – das System

Menschen brennen aus, wenn über längere Zeit mehr Energie abgegeben als zugeführt wird.

Betrachten wir ein gesundes, also nicht burn-out-gefährdendes System, dann stehen Energieabgabe und Energiezufuhr in einem weitgehend ausgeglichenen Verhältnis. Vereinfacht dargestellt, sieht das so aus:

Abb. 1

Das Engagement, z. B. für die Firma, die Schule, die Klinik, kostet Energie – physisch, vor allem aber psychisch. Wird das beabsichtigte Ergebnis erreicht und für gut befunden, kommt es zu einem Erfolgserlebnis, verbunden mit positiver Rückmeldung.

Etwas erreicht, geschafft, einen Erfolg erzielt zu haben, lässt das Gefühl entstehen: „Du bist in Ordnung. Es passt. Jetzt kannst du dich entspannen, Feierabend machen, dir etwas gönnen." Es kommt zur Energiezufuhr, die durch das positive Feedback verstärkt wird.

Anders sieht es in einem ungünstigen, burn-out-gefährdenden System aus.

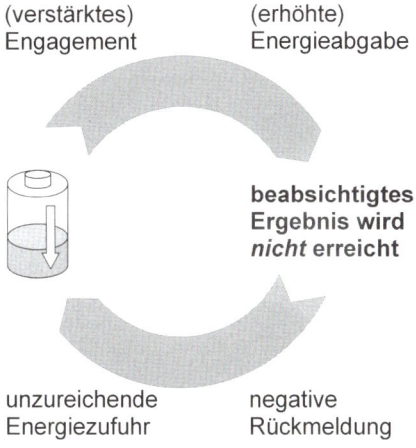

(verstärktes) Engagement

(erhöhte) Energieabgabe

beabsichtigtes Ergebnis wird *nicht* erreicht

unzureichende Energiezufuhr

negative Rückmeldung

Abb. 2

Das Engagement bzw. die Energieabgabe führt nicht zum erhofften oder beabsichtigten Ergebnis. Der Erfolg bleibt aus – sei es, dass er objektiv nicht eintrifft oder aber subjektiv als solcher nicht gewertet wird (etwa bei Perfektionismus oder zu hohen Idealen).

Es kommt zu einem Misserfolgserlebnis, verbunden mit negativer Rückmeldung.

Negative Rückmeldungen
a) von außen: Unzufriedenheit des Chefs, der Kollegen, Kunden etc.
b) von innen: in Form von Unzufriedenheit mit sich selbst, Selbstkritik, Selbstanklage etc.

Die notwendige Energiezufuhr bleibt aus! Nun wächst die Anspannung.

Um das angestrebte Ziel doch noch zu erreichen und einen Erfolg feiern zu können, muss die Leistung bzw. das Engagement erhöht werden. Man fängt an, härter zu arbeiten, länger zu bleiben ...

Wird das beabsichtigte Ergebnis – z. B. aufgrund der widrigen äußeren Umstände – erneut nicht erreicht oder nur mit so großer Anstrengung, dass der Energieaufwand in keinem Verhältnis zur anschließenden Energiezufuhr (durch positives Feedback, Belohnung, Regeneration etc.) steht, kommt es zu einem Ungleichgewicht im Energiehaushalt. Erstreckt sich dieser Zustand über längere Zeit, ist ein Burn-out vorprogrammiert.

Dabei muss eine hohe Belastung nicht zwingend zu einem Burn-out führen! Auch dann noch nicht, wenn die Energieabgabe (z. B. in den Beruf hinein) die Energiezufuhr (aus dem Beruf heraus) über einen längeren Zeitraum hinweg übersteigt! Andere Energiequellen wie Familie, Hobby, körperliche Fitness und Regeneration könnten in der Lage sein, dieses Defizit im beruflichen Energiehaushalt auszugleichen. Das Problem bei einem Burn-out ist jedoch, dass gerade diese Bereiche in Mitleidenschaft gezogen und dadurch zu „Sekundärsystemen" werden, die den Verlauf des Burn-outs noch verschärfen.

In einem „gesunden" System stehen Energieabgabe und -zufuhr in einem weitgehend ausgeglichenen Verhältnis. Übersteigt die Energieabgabe auf längere Zeit die -aufnahme, brennen die Betroffenen über kurz oder lang aus.

3.5 Sekundärsysteme

Wer dabei ist, „heiß zu laufen" und auszubrennen, hört nicht selten Sätze wie: *„Du bist kaum noch zu Hause. Und wenn, dann bist du erledigt oder hast Arbeit* *aus dem Büro mitgebracht. Die Kinder und ich kommen in deinem Leben gar nicht mehr vor! Du hast nie Zeit!"* Die Standardantwort darauf lautet: *„Das ist jetzt eine Durststrecke. Glaube mir, wenn ich das erst einmal geschafft habe, wird es besser!"* Doch das wird es in den meisten Fällen nicht! Vertröstungen wie diese hören nicht wenige Lebenspartner schon seit Jahren.

Eine Zeit lang mag die Schwerpunktverlagerung auf den Beruf funktionieren, aber nicht auf Dauer! Das hohe zeitliche oder auch kräftemäßige Engagement am Arbeitsplatz beeinträchtigt die anderen Lebensbereiche. Für Menschen, die dabei sind, im Beruf „heiß zu laufen", kann das Zurückschrauben oder Opfern des Familien- und Privatlebens früher oder später zum Bumerang werden – nämlich dann, wenn in der Partnerschaft oder Familie ernsthafte Probleme auftreten. Den Betroffenen wird spätestens dann (und damit zu spät!) klar, dass sie eine entscheidende Energiequelle für sich und ihre berufliche Leistungsfähigkeit verloren haben.

Was für die Partnerschaft oder Familie gilt, gilt auch für andere Lebensbereiche wie beispielsweise Sport, Hobbys oder private Freundschaften. Häufig werden diese in Zeiten der Belastung zurückgestellt. Dabei sind gerade sie entscheidende Energiequellen, durch die die emotionale, soziale, intellektuelle und körperliche Leistungsfähigkeit aufrechterhalten bleibt.

| verringertes Engagement | (verstärktes) Engagement | (erhöhte) Energieabgabe |

mangelhafter Erfolg — Privatleben — *beabsichtigtes Ergebnis wird nicht erreicht* — Beruf

| reduzierte Energiezufuhr | unzureichende Energiezufuhr | negative Rückmeldung |

Abb. 3

Um die erhöhte Energieabgabe im Beruf (rechter Kreislauf) trotz der unzureichenden Energiezufuhr aufrechterhalten zu können, wird häufig das Engagement im Privatleben (linker Kreislauf) verringert. Für die Partnerschaft, die Familie, den Freundeskreis oder sportliche Aktivitäten fehlen am Ende des Tages oder der Woche die Energie, die Zeit, die Lust. Dies wiederum hat jedoch zur Folge, dass über kurz oder lang diese Bereiche leiden und früher oder später als „Energielieferanten" ganz ausscheiden (etwa durch das Zerbrechen der Partnerschaft oder den Kollaps der Gesundheit).

Eine Anmerkung zum Schluss dieses Kapitels: In der vorangegangenen Beschreibung des Burn-out-Systems wurde der Beruf als „Primärsystem" dargestellt. Doch nicht immer muss der Beruf der Auslöser für einen Burn-out sein. Der „Zünder" kann auch im Privatleben stecken (z. B. in einer Ehekrise, der Geburt eines Kindes, familiären Spannungen, einem Pflegefall in der Familie etc.). Unter diesen Umständen stünde möglicherweise nicht mehr genügend Energie für den Beruf zur Verfügung. Die beiden Regelkreise würden so ihre Position tauschen.

Beim Burn-out-Syndrom beeinflussen sich innere Disposition und äußere Umstände gegenseitig in einem komplexen System.

- *Das Burn-out-Syndrom ist das Ergebnis eines gestörten Energiehaushalts.*
- *Eine übermäßige Belastung am Arbeitsplatz wirkt sich auch negativ auf das Privatleben aus.*
- *Umgekehrt können auch Probleme im privaten Umfeld Burn-out auslösen.*

30 MINUTEN

4. Risikogruppen

In den 70er- und 80er-Jahren des letzten Jahrhunderts war das „Ausbrennen" ein Phänomen, das sich weitgehend auf helfende bzw. soziale Berufe zu begrenzen schien. Zwar gehören Pflegekräfte, Sozialarbeiter, Pädagogen oder Geistliche noch immer zu den am häufigsten vom Burn-out Betroffenen (siehe Kap. 4.2). Allerdings zeigt sich immer mehr, dass das Burn-out-Syndrom auch Menschen aus ganz anderen Sparten erfasst, beispielsweise Alleinerziehende, Rechtsanwälte, Bankangestellte oder Verkäufer – die Bandbreite umfasst nahezu die ganze Gesellschaft.

Nimmt man einen anderen Blickwinkel ein und fragt nicht nach der Tätigkeit der Betroffenen, sondern nach deren Hierarchieebene, so kristallisiert sich eine Gruppe heraus, in der das Burn-out-Risiko in den letzten Jahren stark zugenommen hat: Führungskräfte.

4.1 Burn-out bei Führungskräften

Für Führungskräfte – sowohl in Wirtschaftsunternehmen als auch in Non-Profit-Organisationen – ist die Gefahr auszubrennen besonders hoch. Hier die häufigsten Gründe:

Der Wille und der Zwang zum Erfolg

Führungspositionen fallen nicht vom Himmel. Dahinter steckt meist harte Arbeit. Aus diesem Grund werden Führungsaufgaben nicht selten von Menschen bekleidet, die in ihrem Leben etwas erreichen wollen. Sie besitzen Leistungsbereitschaft und Ehrgeiz. Sie sind in der Lage und willens, Verantwortung zu übernehmen. Möglicherweise sind sie schon in der Schulzeit, im Studium oder in den ersten Berufsjahren dadurch aufgefallen, dass sie sich vom Mittelmaß abgehoben haben. Kurz: Die meisten Führungskräfte verfügen – ähnlich wie Hochleistungssportler – über einen ausgeprägten Willen zum Erfolg. Und für diesen Erfolg sind sie bereit, nicht nur *an* ihre Leistungsgrenze zu gehen, sondern auch darüber hinaus.

Allerdings – und darin liegt meist die Gefahr für einen Burn-out: Erfolg ist relativ und Erfolg ist zerbrechlich.

Erfolg ist relativ: Was immer man unter „Erfolg" verstehen mag – Umsatzzahlen, eine Stufe auf der Karriereleiter, ein bestimmtes Einkommen, eine Mischung aus alldem oder etwas ganz anderes: Wer erfolgreich sein will, operiert häufig bewusst oder unbewusst mit Sätzen wie *„Wenn ich erst einmal ..., dann ..."*. Es geht um den nächsten Schritt, die nächste Stufe, das nächste Ziel und um die Hoffnung, *„es"* dann geschafft zu haben.

Was aber, wenn dieser Erfolg sich trotz größter Anstrengung nicht erzielen lässt (vgl. Abb.1, S. 38)? Muss dann die Leistung noch weiter erhöht werden – bis zum Kollaps, um *„es"* doch noch zu schaffen?

Oder was, wenn man sein Ziel zwar erreicht, aber dann die erhoffte Befriedigung ausbleibt? Was, wenn man, „oben" angekommen, plötzlich feststellt: Es gibt immer noch Steigerungsmöglichkeiten? Wann ist genug genug?

Erfolg ist zerbrechlich: Viele Führungskräfte wissen, dass ihr Erfolg heute noch lange nicht ihren Erfolg morgen garantiert. Aus ihrem ursprünglichen *Willen* zum Erfolg ist ein *Zwang* geworden. Sie *müssen* erfolgreich sein. Sie *müssen* Leistung bringen. Sie *müssen* ihren Standard halten. Sie *müssen* ihren Status verteidigen. Denn: Wer heute nachlässt, ist morgen weg vom Fenster! Der Wille (oder Zwang) zum Erfolg ist das eine. Auf einem anderen Blatt stehen die Rahmenbedingungen, die diesem Erfolg nicht selten entgegenstehen. Einige davon möchte ich an dieser Stelle nennen.

Ein hohes Maß an Rivalität

Bei Führungskräften ist es wie bei Bergsteigern: Je höher sie klettern, umso dünner wird die Luft und umso härter der Kampf um den Gipfel. Es ist längst kein Geheimnis mehr, dass Führungskräfte einen Großteil ihrer Zeit und Energie dafür aufwenden (müssen), ihre Position und ihren Einflussbereich zu verteidigen. Die Konkurrenz ist hart – auch innerbetrieblich. Jeder Fehltritt, jede falsche Entscheidung, jede Nachlässigkeit könnte vom anderen ausgenutzt werden, um vorbeizuziehen. Nicht selten werden bei diesem Kampf um Position und Einfluss auch Methoden eingesetzt, die den Boden der Fairness längst verlassen haben und bis hin zum gezielten Mobbing reichen. Das „Sich-Behaupten" gegen diese Taktiken, das „Absichern gegen die Konkurrenz" kostet eine Menge Kraft – Kraft, die nicht nur für den Gipfelsturm fehlt, sondern ohne die man auch den Halt verlieren und abstürzen kann.

Enormer Druck

Keine Frage: Unsere Welt hat sich in den letzten 30 Jahren dramatisch verändert. Fusionen, Kostenreduktionen, Umstrukturierungen und Reformen bestimmen zunehmend unser Leben. Die Märkte sind enger geworden.

Eine Firma oder eine Organisation braucht heute gar nicht vorne mitmischen zu wollen. Allein schon der nackte Wunsch zu überleben reicht aus, um auf das gesamte Unternehmen, aber vor allem auf die Führungsebene einen enormen Druck auszuüben.

Insofern ist der zuvor genannte „Wille zum Erfolg" nur ein Teil der Wahrheit. Den meisten Führungskräften von heute bleibt gar nichts anderes übrig, als erfolgreich zu sein. Entsprechend stehen sie unter „Strom". Sie sind gefordert, oft innerhalb weniger Minuten richtige Entscheidungen zu treffen – und das in oft komplexen und unkontrollierbaren Zusammenhängen. Diese Mischung aus Erfolgsdruck, Zeitnot und Zwängen verursacht Stress – Stress, der sich „dank" moderner Kommunikationstechnik nicht selten bis in die Feierabende oder Wochenenden hinein verlagert. An wirkliche Regeneration ist kaum zu denken.

Hinzu kommt, dass sich innerhalb der letzten Jahre die „Halbwertszeit des Erfolges" drastisch verringert hat. Erledigte Projekte werden schnell vergessen oder bereits von der nächsten Herausforderung verdrängt. Viele Führungskräfte stehen so permanent mit dem Rücken zur Wand. Ein täglicher Kampf an der Belastungsgrenze.

Angewiesen auf gute Mitarbeiter

Unabhängig, ob jemand nun für ein ganzes Unternehmen verantwortlich ist oder für eine Abteilung, ein Team: Jede Führungskraft ist auf kompetente Mitarbeiter angewiesen. Denn nur durch kompetente Mitarbeiter kann auch sie erfolgreich sein. Das Umgekehrte gilt allerdings auch: Ebenso wie eine Führungskraft durch kompetente Mitarbeiter nach „oben" katapultiert werden kann, kann sie durch deren Fehler oder Lustlosigkeit in den Abgrund gezogen werden.

Was machen Sie als Führungskraft, wenn Sie zwar den Willen zum Erfolg haben, aber auf unmotivierte Mitarbeiter zurückgreifen müssen? Was machen Sie, wenn für Sie „Mittelmäßigkeit" noch nie erstrebenswert war, aber Ihre Mitarbeiter anscheinend gut damit leben können? Was machen Sie, wenn Ihre Mitarbeiter zwar willens, aber scheinbar nicht in der Lage sind, die Leistung und die Qualität zu bringen, die Sie von ihnen erwarten? Sie laufen heiß! Sie übernehmen Verantwortung für Ihre Mitarbeiter. Sie versuchen zu kompensieren, was Ihre Mitarbeiter nicht leisten. Denn Ihre Mitarbeiter sind zu Ihrem „erweiterten Ich" geworden, weil Sie wissen, dass Ihr Schicksal, Ihre berufliche Perspektive, Ihr Gehalt und vieles mehr von der Leistung Ihrer Mitarbeiter abhängt!

Nicht loslassen können

Vielen Führungskräften fällt es schwer, nicht nur Aufgaben, sondern auch Kompetenzen und Verantwortung aus der Hand zu geben. Das mag bei den einen daran liegen, dass sie hohe Ansprüche haben. Bevor sie eine Aufgabe an jemand anderes abgeben und damit das Risiko eingehen, dass diese nicht so gut oder effizient erledigt wird, machen sie es lieber selbst. Andere dagegen haben Angst vor Kontrollverlust. Sie möchten gefragt werden, eingeweiht sein, wissen, was passiert. Die Kehrseite der Medaille ist, dass kaum eine Entscheidung an ihnen vorbei getroffen werden kann und sie letztlich in alles involviert und für alles verantwortlich sind. Wieder andere würden gerne loslassen, können aber nicht, weil unselbstständige Mitarbeiter sich immer wieder Hilfe suchend an sie wenden. Dieses Schicksal erleiden häufig diejenigen, deren Vorgänger den Mitarbeitern wenig zugetraut und sie nicht gefördert hat.

Unabhängig davon, was nun der Grund des „Nichtloslassen-Könnens" ist, die Konsequenz ist immer dieselbe: Überlastung. Viele Führungskräfte sind mit Dingen beschäftigt, die sie besser ihren Mitarbeitern überlassen sollten. Anstatt als Kapitän auf der Brücke zu stehen und den Kurs zu bestimmen – was ihre Aufgabe wäre – befinden sie sich „unter Deck" und sind am „Rudern".

30 *Führungskräfte sind dem Burn-out-Risiko besonders ausgesetzt, da sie unter ständigem inneren und äußeren Erfolgsdruck stehen und mit nicht immer einfachen Rahmenbedingungen zu kämpfen haben.*

4.2 Burn-out in sozialen Berufen

Wie kommt es, dass das Burn-out-Syndrom besonders häufig in sozialen, helfenden oder lehrenden Berufen auftritt und dort sowohl Mitarbeiter als auch Führungskräfte erfasst? Auch hier sind die Gründe vielfältig. Vier will ich an dieser Stelle nennen.

Starke Menschenorientierung

Viele Menschen, die in einem sozialen Beruf arbeiten, sind in ihrem Persönlichkeitsprofil stark menschenorientiert. Dies ist in den meisten Fällen auch der Grund, warum sie diesen speziellen sozialen Beruf ergriffen haben („Ich möchte etwas mit Menschen machen"). Durch ihre Menschenorientierung sind sie sehr sensibel für Emotionen, Reaktionen und Interaktionen. Ihnen liegt viel an dem, was andere über sie denken. Sie selbst haben den Wunsch, anerkannt, geachtet zu sein, wertgeschätzt oder zumindest nicht abgelehnt zu werden. Die Menschen in ihrem Umfeld (Vorgesetzte, Kollegen, Klienten, Patienten, Schüler) werden so zu einer der Hauptenergiequellen in ihrem Leben. In einem ungünstigen Arbeitsklima, bei Konflikten oder wenn die erwartete Wertschätzung ausbleibt, entsteht schnell ein Defizit in der Energiezufuhr – trotz hoher Leistung.

Hohes Engagement

Viele Menschen, die in einem sozialen Beruf arbeiten, zeigen ein hohes Engagement, und das oft über die eigenen Kräfte hinaus. Zwei Faktoren spielen hierbei eine besonders große Rolle:

Zum einen wird die Entscheidung, einen Beruf im sozialen Bereich auszuüben, von den meisten bewusst gefällt. Obwohl sie in der Wirtschaft mehr verdienen und ein höheres Prestige erreichen können, fällt die Wahl auf einen Beruf, der im Dienst des Menschen steht. Dahinter stecken meist Ideale und hohe Erwartungen an sich selbst. Man möchte etwas bewirken, den Unterschied machen, anderen wirklich helfen, niemanden hängen lassen, das Potenzial in anderen entwickeln, etwas erreichen. Vor allem Berufsanfänger, deren hohe Ziele und Erwartungen noch nicht durch Ernüchterung gedämpft wurden, laufen hier Gefahr, über ihre Grenzen hinauszugehen.

Der zweite Faktor, auf den das hohe Engagement zurückzuführen ist, sind die äußeren Notwendigkeiten: Im Gegensatz zu Dingen kann man Menschen nicht einfach liegen lassen. Selbst wenn man nicht mehr will und nicht mehr kann, warten Menschen darauf, gepflegt, therapiert, unterrichtet oder betreut zu werden. Hier auf die Signale des eigenen Körpers zu hören und sich zurückzunehmen ist in vielen Fällen sehr schwierig.

Mangelnde oder mangelhafte Ressourcen

Viele Menschen, die in einem sozialen Beruf arbeiten, leiden unter mangelnden oder mangelhaften Ressourcen. Unser Sozialwesen steht vor dem Kollaps. Das Geld ist knapp, Leistungen werden gekürzt. In vielen Fällen fehlt Personal. Weiterbildungsangebote können nicht oder nur in einem geringen Maß durchgeführt und finanziert werden. Es fehlt an Gerätschaften, die die Arbeit erleichtern, und nicht selten an einer Entlohnung, die die Arbeitsleistung würdigt.

Unsichere Erfolgsaussichten

Viele Menschen, die in einem sozialen Beruf arbeiten, sind dem Risiko unsicherer Erfolgsaussichten ausgesetzt. Während z. B. bei einer industriellen Fertigung oder im Handwerk das Verhältnis zwischen Aufwand und Ergebnis weitgehend berechenbar ist, sind die

Erfolgsaussichten in sozialen Berufen oft ungewiss. So kann es sein, dass ein Patient trotz hohem pflegerischen Einsatz nicht gesund wird, ein Ratsuchender trotz aller therapeutischen Anstrengung nicht die nötige Hilfe findet, Schüler trotz allem pädagogischen Aufwand nicht die erwarteten Fortschritte machen.

Auf Führungskräften in sozialen Einrichtungen (siehe 4.1 „Burn-out bei Führungskräften") lastet in diesem Zusammenhang ein besonders hoher Druck. Vieles bleibt an ihnen hängen. Sie müssen abfedern, was im Grunde kaum abzufedern ist. Gleichzeitig sollen sie Ziele erreichen, die kaum zu erreichen sind. Trotz der oft geringen Aussicht auf Erfolg stehen sie in der Verantwortung und Kritik.

Das Burn-out-Risiko ist besonders hoch bei diesen beiden Gruppen:

- *Führungskräfte in der Wirtschaft sind dem Burn-out-Risiko besonders ausgesetzt, da sie unter ständigem inneren und äußere Erfolgsdruck stehen.*
- *Bei Mitarbeitern in sozialen Berufen steht meist der Wunsch, Menschen zu helfen, im Vordergrund. Diesem jedoch stehen häufig die unsicheren Erfolgsaussichten und mangelnden Ressourcen entgegen, was die Gefahr, auszubrennen, deutlich erhöht.*

30 MINUTEN

5. Gegenmaßnahmen

Nun stellt sich die Frage: Was kann man tun gegen Burn-out?

Zunächst zählt auch hier der Grundsatz: „Vorbeugen ist besser als heilen!" Die Chancen, rechtzeitig etwas gegen einen drohenden Burn-out zu unternehmen, stehen nicht schlecht. Denn: Niemand brennt über Nacht aus! In den meisten Fällen zeigen sich erste Symptome bereits schon Wochen, Monate, teilweise sogar Jahre bevor der Zustand kritisch wird. Allerdings werden diese weniger vom Betroffenen selbst wahrgenommen als vielmehr von dessen Umfeld. Nehmen Sie also ernst, was Ihre Angehörigen, Freunde oder Kollegen an Ihnen bemerken! Je früher Sie auf erste Warnsignale reagieren, umso besser!

Sie müssen noch nicht gleich in Panik geraten, wenn sich das eine oder andere Symptom bei Ihnen zeigt. Jeder hat einmal eine schlechte Phase. Jeder schiebt mal Frust oder kann nachts nicht schlafen.

Allerdings sollten bei Ihnen die Warnglocken anfangen zu läuten, wenn sich die Hinweise auf einen bevorstehenden Burn-out häufen, Sie sich Ihren Zustand nicht mehr mit einer kurzfristig vorübergehenden Formschwäche erklären können und Ihnen die Dinge zunehmend über den Kopf wachsen!

Hier nun einige Interventionsmöglichkeiten. Die Reihenfolge beschreibt, wenn Sie so wollen, eine Art „Bremsweg". Das heißt: Je mehr Reserven Sie noch zur Verfügung haben, umso weiter oben können Sie ansetzen.

5.1 Organisatorische Gegenmaßnahmen

Es gibt tatsächlich Rahmenbedingungen, die geradezu ideal sind, um darin auszubrennen (siehe Kap. 3.1 „Äußere Faktoren").

So mancher sagt sich:
„Wenn ..."
- *„die Arbeitsabläufe besser strukturiert wären, ..."*
- *„wir ein besseres Arbeitsklima in der Abteilung hätten, ..."*
- *„mein Vorgesetzter nicht so viel Druck ausüben würde, ..."*
- *„ich nicht ständig für alles und jeden zuständig wäre, ..."*

Aus diesem Grund ist es wichtig, ein Umfeld zu schaffen, in dem das Burn-out-Risiko relativ gering ist. Allerdings brauchen Sie hierfür zwei Dinge:

- die Macht, etwas verändern zu können
- die Kraft, etwas verändern zu können

Und hier liegt oft die Schwierigkeit: Viele, die am Burn-out-Syndrom leiden, haben mindestens eines von beidem nicht oder nicht mehr!

Versuchen Sie also, die Arbeitsbedingungen frühzeitig zu verbessern und nicht erst dann, wenn der Kollaps unmittelbar bevorsteht!

Hier sind alle Beteiligten gefordert: Mitarbeiter, Abteilungsleiter, Geschäftsführer. Jeder, der seinen Teil dazu beiträgt, erweist damit nicht nur sich selbst einen großen Dienst, sondern letztlich dem ganzen Unternehmen!

1. Entlastung schaffen

Dies kann dadurch geschehen, dass Sie

- das Aufwand-Nutzen-Verhältnis gewisser Aufgaben und Tätigkeiten kritisch überprüfen,
- Ihre Aufgaben konsequent nach dem sogenannten

„Pareto-Prinzip" erledigen – demnach erreichen Sie mit 20 % des Aufwandes 80 % der Ergebnisse,

- die Effizienz am Arbeitsplatz, in der Abteilung, im Unternehmen steigern (Optimierung der Strukturen, Arbeitsabläufe, Organisation) und so Freiräume schaffen,
- überflüssige Bürokratie abbauen und sich auf das Wesentliche beschränken,
- Aufgaben konsequent delegieren,
- sich selbst und anderen realistische Ziele setzen und so die Chancen auf Erfolgserlebnisse erhöhen,
- sich ausreichende Arbeitspausen gönnen,
- über gezielte Personalaufstockung nachdenken, die langfristig die preiswertere Variante sein könnte.

2. Entfaltungsmöglichkeiten schaffen

Klare Zielvorgaben oder -vereinbarungen sind an dieser Stelle ebenso wichtig wie die Freiheit, die einzelnen Schritte selbstständig planen und durchführen zu dürfen. Durch das Einräumen von Befugnissen und Handlungsspielräumen schenken Sie etwas Wesentliches: Vertrauen – ein wichtiger Energielieferant! Dasselbe gilt für die Möglichkeit, sowohl Arbeitszeit als auch -inhalte flexibel und ergebnisorientiert gestalten zu können. Setzen Sie die Grenzen weit, aber setzen Sie sie klar! Dadurch vermeiden Sie

Kompetenzstreitigkeiten. Gehen Sie offenem oder verdecktem Machtgerangel sofort nach. Honorieren Sie gute Leistung – auf jeden Fall verbal, wenn möglich aber auch finanziell oder durch die Chance aufzusteigen.

3. Eine gute Atmosphäre schaffen

Stärken Sie den Teamgeist, das „Wir-Gefühl" – etwa durch gemeinsame Erlebnisse, Spaß und dem gemeinschaftlichen Entwickeln einer „Vision". Lassen Sie es nicht zu, dass Konflikte unter der Oberfläche schwelen und sich breitmachen, sondern gehen Sie diese zeitnah und professionell an – notfalls mit externer Unterstützung. Fördern Sie ein Klima der gegenseitigen Wertschätzung und Anerkennung. Und seien Sie mit Lob nicht geizig.

Während ein „Gegen-" oder „Nebeneinander" einen idealen Nährboden für Burn-out bildet, trägt ein gutes Miteinander dazu bei, dass dieser erst gar nicht entsteht.

Schaffen Sie eine gute Atmosphäre auch in Bezug auf die Arbeitsplatzgestaltung! Helle Räume, eine angenehme Raumklimatisierung, Pflanzen, Brunnen und eine ansprechende Dekoration wirken hier oft Wunder.

Schaffen Sie „Räume", in denen man in jeder Hinsicht leben und atmen kann.

4. Horizonterweiterung ermöglichen

Fort- und Weiterbildungen fördern nicht nur die fachliche, soziale oder methodische Kompetenz, sondern bieten auch die Chance, Probleme und Verhaltensmuster zu reflektieren und Lösungswege zu entdecken. Dazu kommt der schlichte Umstand, dass man bei externen Lehrgängen einfach mal Abstand gewinnen und neu motiviert an den Arbeitsplatz zurückkehren kann.

Betriebsblindheit und Überlastung

So erstrebenswert die genannten organisatorischen Maßnahmen auch sein mögen: In vielen Fällen scheitern sie an der Umsetzung. Meistens werden „Sachzwänge" dafür verantwortlich gemacht. Und die mag es tatsächlich geben! Allerdings sind sie weit weniger häufig der Grund für die mangelnde Umsetzung als die Betriebsblindheit der Beteiligten oder deren Überlastung. Betriebsblindheit ist ebenso wenig eine Schande wie Schneeblindheit. Dennoch ist sie ein Problem: Man erkennt vieles nicht mehr. Gerade für diejenigen, die selbst – vielleicht schon seit Jahren – Teil des Systems sind, ist es nicht immer leicht zu unterscheiden, ob ein vermeintlicher Sachzwang wirklich existiert oder nur „gefühlt" vorhanden ist. Häufig fehlt so der Blick für kreative Lösungen.

Die Umsetzung geeigneter Maßnahmen kann an der

Überlastung der Beteiligten scheitern. Nicht selten stehen Führungskräfte und Verantwortliche selbst am Rande eines Burn-outs. Sie haben neben dem ohnehin anstrengenden Tagesgeschäft nicht mehr die Zeit oder Kraft für derart grundsätzlich strukturverändernde Schritte.

Wenn Sie also die Burn-out-Gefahr bei sich und Ihren MitarbeiterInnen minimieren und die entsprechenden Maßnahmen realisieren wollen, scheuen Sie sich nicht, auf externe Professionals zurückzugreifen. Diese können Sie sowohl in der Analyse unterstützen als auch bei der schrittweisen Organisationsentwicklung. Das spart auf lange Sicht nicht nur Kraft und Nerven, sondern unterm Strich auch eine Menge Zeit und Geld!

Schreiten Sie rechtzeitig ein und ergreifen Sie die erforderlichen organisatorischen Maßnahmen in Ihrem Unternehmen!

5.2 Individuelle Gegenmaßnahmen

Es kann durchaus sein, dass Sie auf Ihr Umfeld kaum oder nur einen begrenzten Einfluss haben. Dennoch haben Sie auf individueller Ebene einige Möglichkeiten, die Burn-out-Gefahr zu mindern:

	Mo.	Di.	Mi.	Do.	Fr.	Sa.	So.
06.00							
07.00							
08.00							
09.00							
10.00							
11.00							
12.00							
13.00							
14.00							
15.00							
16.00							
17.00							
18.00							
19.00							
20.00							
21.00							
22.00							

1. Energiehaushaltsplan entwerfen

Markieren Sie z. B. in einer Wochenübersicht (s. o.):

- **rot** – die Zeiten, in denen Sie stark angespannt, gefordert sind, die Sie überwiegend Kraft und Energie kosten,

- **orange** – die Zeiten, in denen Sie sich „im Übergang" befinden, sich also gedanklich schon (z. B. morgens) oder noch (z. B. nach Feierabend, am Wochenende) mit dem beschäftigen, was Ihnen Energie raubt,
- **grün** – die Zeiten, in denen Sie Energie tanken, Schönes erleben, entspannt sind, genießen.

> **Tipp!**
> Bitten Sie eine Ihnen nahestehende Person (z. B. Ihren Partner/Ihre Partnerin), ebenfalls eine solche Einschätzung für Sie vorzunehmen, und nutzen Sie diese Fremdwahrnehmung als Chance, Ihr eigenes Bild zu erweitern.

Stellen Sie sich in der folgenden Selbsteinschätzung drei wichtige Fragen:
- Wie steht es bei Ihnen um das Verhältnis zwischen Energieabgabe und -zufuhr?
- Wie könnte oder müsste Ihrer Meinung nach ein ausgewogener Energiehaushaltsplan aussehen?
- Welche drei konkreten Maßnahmen würden Sie dem Ziel eines ausgeglichenen Energiehaushalts einen großen Schritt näher bringen?

a) _____

b) _____

c) _____

2. Selbst- und Zeitmanagement verbessern

Dabei geht es nicht darum, wesentlich mehr zu schaffen, sondern mehr Wesentliches!

Verankern Sie in Ihrem Tages-, Wochen- oder Monatsplan zuallererst feste „grüne" Zeiten und räumen Sie diesen die höchste (!) Priorität ein. Sie brauchen diese regelmäßigen Phasen des Ausgleichs, der Regeneration. Sie brauchen angenehme Erlebnisse – z. B. mit Ihrer Familie, Ihrem Freundeskreis, Hobbys, Sport ... und genügend Schlaf!

Gewöhnen Sie es sich ab, solchen Zeiten das Label „Freizeit" zu verpassen – Zeit, in der man eigentlich „frei" und somit „nichts zu tun" hat! Sagen Sie stattdessen (sich selbst und anderen): *„Tut mir leid, da kann ich nicht, da habe ich bereits einen wichtigen Termin ..."* Sie müssen ja nicht hinzufügen: *„... nämlich mit mir selbst, meinem Liegestuhl im Garten, meinem Bett oder meinen Laufschuhen."*

Wenn Sie Ihrem Körper und Ihrer Seele derartige Zeiten nicht freiwillig gönnen, werden diese sich eines Tages die Auszeit nehmen – gegen Ihren Willen und länger, als Ihnen lieb ist! Fangen Sie an, umzudenken und Prioritäten neu zu ordnen! Effektives Selbstmanagement beginnt im Kopf!

3. Grenzen setzen

Sagen Sie „Nein"…, und zwar

a) anderen gegenüber,

b) sich selbst gegenüber.

Zugegeben, das ist nicht immer leicht! Denn das Wörtchen „Nein" hat einen ebenso großen Vor- wie Nachteil: Neinsagen spart Zeit, aber belastet unter Umständen auch Beziehungen!

Viele können schlecht „Nein" sagen, weil sie befürchten, dadurch die Harmonie zu gefährden – etwa in einer Freundschaft oder im Verhältnis zum Chef (Stichwort: „Karrierechance"). Allerdings – und das ist nicht nur seltsam, sondern auch aufschlussreich, was unsere wahren Prioritäten angeht: Die wenigsten haben mit dem „Nein" Schwierigkeiten, wenn es z. B. ihre eigene Familie betrifft (Stichwort: „Papi, spielst du mit mir?").

Ob es Ihnen gefällt oder nicht: Jedes „Ja" in Ihrem Leben fordert an einer anderen Stelle ein „Nein"! Ein „Ja", das Sie im Beruf geben, erfordert ein „Nein" – entweder direkt im Job oder in Ihrem Privatleben. Sie können jede Minute, jede Stunde Ihres Lebens nur einmal nutzen! Wofür? Das entscheiden Sie!

Auch sich selbst Grenzen zu setzen, will gelernt sein! Klären Sie, wie viel Zeit Sie wofür investieren wollen. Klären Sie aber auch, wofür Sie sich künftig nicht oder nicht mehr einsetzen werden. An dieser Stelle verzichte ich bewusst auf den Begriff „Prioritäten". Denn alles, was Sie mit einer Priorität versehen – und sei diese noch so niedrig –, haben Sie nicht aufgegeben!

Ihr Tag hat nur 24 Stunden. Und nach Abzug der Zeit für Schlaf, Körperpflege, Mahlzeiten etc. bleiben Ihnen davon nicht mehr allzu viele übrig. Sie werden sich also vermutlich von manchen Dingen endgültig verabschieden müssen – auch wenn sie Ihnen noch so verlockend erscheinen! Sie haben die Wahl: Entweder Sie tun es aktiv selbst oder die begrenzte Ressource „Zeit" übernimmt das für Sie.

Ein Bekannter von mir pflegt zu sagen: *„Wenn du den Hirsch erlegen willst, musst du auf den Hirsch zielen – und die vielen Hasen laufen lassen."*

4. Erfolgserlebnisse generieren

Erfolgserlebnisse sind eine wichtige Energiequelle! Viele Menschen, die an einem Burn-out-Syndrom leiden, haben ständig das Gefühl, dass es „hinten und vorne" nicht reicht. Sie erleben den Misserfolg, nicht den Erfolg. Gelegentlich kann dies auch damit zu tun haben, dass sie sich selbst überfordern und die Messlatte zu hoch legen. Darum: Planen Sie nicht so, dass ein Scheitern schon im Voraus abzusehen ist!

Tipps!

- Ordnen Sie die anstehenden Aufgaben konsequent nach ihrer Wichtigkeit.
- Schätzen Sie ab, wie viel Zeit Sie voraussichtlich für welche Aufgabe brauchen werden oder investieren wollen.
- Planen Sie sowohl Pausen als auch Zeitpuffer ein (Zeitpuffer mindestens 1/3 der prognostizierten Zeit)!
- Setzen Sie sich aufgrund dieser Planung realistische (!) Ziele – Tagesziele, Wochenziele.
- Klären Sie im Vorfeld, wann genug genug ist (sowohl quantitativ als auch qualitativ)
- Erledigen Sie Ihre Aufgaben nach dem sogenannten „Pareto-Prinzip" (siehe S. 62).

5. Lecks identifizieren und minimieren

Identifizieren Sie die Bereiche, die unnötig Kraft kosten, und gehen Sie sie gezielt an!

Lecks können sein:

- Beziehungen, Konflikte oder schwelende Spannungen – sowohl im beruflichen als auch im privaten Umfeld.
- Abläufe in der Arbeitsorganisation, ungeklärte Zuständigkeiten, Machtgerangel, Interessen- oder Rollenkonflikte.
- Private Herausforderungen, nicht bewältigte seelische Verletzungen, unsichere Zukunftsaussichten.
- Und einiges mehr ... .

Wenn Sie Ihre Energieabgabe und -zufuhr in Balance bringen wollen, dann können Sie dies langfristig nur dann erreichen, wenn Sie die allergrößten Lecks identifiziert und weitgehend geschlossen haben.

6. Externe Unterstützung nicht scheuen

Coaching, Supervision oder Beratung kann hilfreich sein, um die zuvor genannten Maßnahmen Stück für Stück umzusetzen. Darüber hinaus haben Sie in der Reflexion mit einer kompetenten Person die besten Chancen, die inneren und äußeren Mechanismen zu entlarven, die Sie in einen Burn-out geführt haben oder dabei sind, Sie dahin zu führen. Externe Unterstützung ist kein Zeichen der Schwäche, sondern, frühzeitig in Anspruch genommen, ein Zeichen der Weitsicht!

 Auch wenn sich die äußeren Umstände nicht verändern lassen, haben Sie durch persönliche Gegenmaßnahmen die Chance, ein Ausbrennen Ihrerseits zu verhindern.

5.3 Den inneren Antreibern auf der Spur

Die Symptome eines Burn-outs sind Anzeichen für eine tiefer liegende Störung. Sie sind ein Hinweis darauf, dass es verborgene Mechanismen gibt, die einen Menschen „heiß laufen" lassen und zur völligen Erschöpfung führen.

Hinweis
Viele Ratschläge, etwa „Lernen Sie, ‚Nein' zu sagen" oder „Nehmen Sie sich ausreichend Zeit zur Regeneration" greifen zu kurz. Denn sie berühren nur die Oberfläche!

Im Prinzip wissen Sie, was zu tun wäre, um ein Ausbrennen zu verhindern. Sie spüren, dass Sie in irgendeiner Form kürzertreten müssten. Die spannende Frage lautet aber: Warum gelingt es Ihnen nicht? Warum schaffen Sie es nicht, das umzusetzen, was Sie wissen? Warum schaffen Sie es – trotz aller guten Vorsätze – z. B. nicht, frühzeitig Feierabend zu machen oder die Arbeit nicht mit ins Wochenende zu nehmen? Warum gelingt es Ihnen so selten, wirklich „Nein" zu sagen? Oder warum fällt es Ihnen schwer, Aufgaben zu delegieren?

Die Antwort steckt in Ihren – meist unterbewussten – Ängsten und Glaubenssätzen. Solange Sie diese nicht entlarvt und überwunden haben, werden alle Appelle und gut gemeinten Ratschläge an der Oberfläche verpuffen. Sie wissen dann zwar, was Sie tun sollten, sind aber nicht in der Lage, es umzusetzen.

Um einen Burn-out nachhaltig zu überwinden, müssen die tiefer liegenden Ursachen aufgedeckt und ans Licht gebracht werden. Nur wer seine „inneren Antreiber" kennt, die ihn bis zur totalen Erschöpfung vorwärtspeitschen, ist in der Lage, sich gegen sie zu stellen.

Hier nun eine Anleitung in sieben Schritten, die Ihnen hilft, diesen „inneren Glaubenssätzen" auf die Spur zu kommen:

Schritt 1:

Falls Sie in Ihrer Leistungsfähigkeit bereits eingeschränkt sind, stellen Sie sich die Frage: *„Was sind die Folgen meines gegenwärtig bereits eingeschränkten Leistungsvermögens?"*

Falls Ihre Leistungsfähigkeit noch nicht nennenswert eingeschränkt ist, Sie aber spüren, wie Sie „heiß laufen", fragen Sie sich: *„Was wären die Folgen, wenn ich aufhören würde, dieses hohe Arbeitspensum zu leisten?"*

Beispiel: *„Ich schaffe meine Aufgaben nicht"* oder *„Mein Chef ist/wäre mit mir unzufrieden."*

Schritt 2:
Markieren Sie nun von diesen Stichworten bzw. Konsequenzen die drei, die Ihnen am meisten Angst machen oder am gravierendsten erscheinen.

Schritt 3:
Übertragen Sie die markierten Stichworte in die linke „Wenn"-Spalte der folgenden Tabelle – und zwar so, dass Sie gleich einen Satz daraus formulieren (z. B. *„Wenn ich meine Aufgaben nicht schaffe, ..."*).

Wenn ...	dann ...

Schritt 4:

Schreiben Sie drei bis fünf Konsequenzen oder Folgen daraus in das „Dann"-Feld („*Wenn ich meine Aufgaben nicht schaffe, dann …*")

Schritt 5:

Welche der im „Dann"-Feld aufgelisteten Konsequenzen oder Folgen wiegen für Sie am schwersten? Taucht eine Folge vielleicht mehrmals oder in ähnlicher Weise auf? Wählen Sie wiederum drei davon aus und übertragen Sie diese in die „Wenn"-Spalte der unten stehenden Tabelle – und zwar erneut so, dass Sie gleich einen „Wenn-Satz" daraus formulieren.
Schreiben Sie die Folgen daraus in die „Dann"-Felder.

Wenn ...	dann ...

Schritt 6:

Wiederholen Sie den vorangegangenen Schritt. Nehmen Sie hierzu ein separates Blatt zur Hand und legen Sie eine Tabelle wie oben an. Übertragen Sie erneut drei gravierende Folgen aus der „Dann-Spalte" und formulieren Sie diese in ein „Wenn ..." um.

Auch wenn die Versuchung groß ist: Tun Sie dies bitte nicht nur in Gedanken, sondern schriftlich!

Schritt 7:

Wiederholen Sie diese Vorgehensweise von „Wenn ..." und „dann ..." mindestens noch zweimal. Fragen Sie immer weiter: „Was dann?"

Mit der Zeit werden Sie merken, dass einige der Antworten anfangen, sich zu ähneln, oder auf dasselbe hinauslaufen. Schenken Sie gerade diesen Nennungen besondere Aufmerksamkeit!

Geben Sie sich jedoch nicht vorschnell damit zufrieden!

Fragen Sie weiter:

- *„Und was dann?"*
- *„Was würde dann mit mir passieren?"*
- *„Was würde dann mein Umfeld von mir denken?"*
- *„Wer wäre ich dann nicht nur in den Augen anderer, sondern auch in meinen Augen?*
- *„Und was dann???"*

Je weiter Sie fragen, desto mehr kommen Sie Ihrem „Hauptantreiber" und damit auch Ihren Motiven auf die Spur.

Im Dunstkreis Ihrer Angst liegt die Antwort!

Denn Ihre Angst, Ihre Befürchtung, das, was Sie vermeiden oder überwinden wollen, ist in gewisser Weise so etwas wie ein Filmnegativ dessen, wonach Sie streben und was Sie erreichen wollen. So könnte beispielsweise hinter dem Wunsch, nach „oben" zu kommen, die Angst stecken, sonst in der Bedeutungslosigkeit unterzugehen.

Beispiel
Ein vom Ausbrennen Betroffener antwortete mir neulich auf die Frage, warum ihm denn Karriere so wichtig sei: „Ich will jemand werden, um nicht ein Niemand zu sein." Das Problem: Von außen betrachtet war dieser Mensch längst „oben" angekommen. Er hatte Karriere gemacht, war äußerst erfolgreich, mehrfach ausgezeichnet. Doch in seinem Innern trug er immer noch das Gefühl, klein und unbedeutend zu sein. Wie der Esel, dem man

eine Mohrrübe vor die Nase gebunden hatte, versuchte er über all die Jahre, jemand zu werden. Vergeblich!

Hinter dem Bedürfnis, es allen recht machen zu wollen, könnte z. B. die Angst stecken, sonst von den Leuten abgelehnt zu werden. Hinter der Neigung, sich für alles zuständig zu fühlen, könnte z. B. die Angst stecken, sonst die Kontrolle zu verlieren oder einen Misserfolg zu erleben.

Wie gesagt: „könnte". Es können auch ganz andere Motive dahinterstecken. Wir Menschen sind zu verschieden, als dass man sofort von einem Bestreben auf eine bestimmte Angst schließen könnte. Nichts desto trotz: Mit allem, *was* wir tun und *wie* wir es tun, verfolgen wir ein Ziel. Und dieses Ziel hat etwas mit einer tief in uns liegenden, oft unterbewussten Angst zu tun.

Wie kommt es nun zu einem Burn-out?

Ein Burn-out entsteht, wenn Sie aufgrund äußerer widriger Umstände nicht das erreichen, was Sie erreichen möchten – z. B. nach „oben" zu kommen, es allen recht zu machen, die Qualität zu liefern, die Sie beabsichtigen usw. (siehe Abb. 1, S. 38).

Da Sie vermutlich ein Mensch sind, der nicht so leicht aufgibt, der es schaffen will, erhöhen Sie nun die Anstrengung, um zum gewünschten Ergebnis zu kommen. Sie arbeiten länger. Sie arbeiten härter. Sie nehmen die Arbeit mit nach Hause – zumindest gedanklich. Sie schalten nicht mehr ab.

Doch das, wofür Sie kämpfen, wird Ihnen durch äußere Umstände (Kollegen, Vorgesetzte, „unfähige" Mitarbeiter, betriebliche Zwänge, unvorhergesehene Zwischenfälle usw.) erschwert. Also erhöhen Sie die Anstrengung noch weiter, um Ihr Ziel zu erreichen. Denn Sie wissen: Wenn Sie sich zurücknehmen, könnte das eintreten, was Sie befürchten. Und plötzlich befinden Sie sich in einem System, in dem Sie keine oder kaum Erfolgserlebnisse haben, das Ihnen aber alles abverlangt.

Stress – die Hauptursache für Burn-out?

Landläufig gilt Stress als eine der Hauptursachen für Burn-out. Doch das ist nicht die ganze Wahrheit. Richtig ist, dass Stress und Burn-out eng miteinander verwoben sind. Allerdings ist Stress höchstens der Vorläufer des Burn-out-Syndroms, nicht aber die eigentliche Ursache. Denn beide gehen auf dieselbe Wurzel zurück.

Beispiel
Nehmen wir an, Sie fahren mit dem Auto von A nach B. Sie möchten oder „müssen" Ihr Ziel zu einem bestimmten Zeitpunkt erreichen. Schaffen

Sie es nicht, hätte das erhebliche Nachteile. Entsprechend stehen Sie unter Druck. Anfangs kommen Sie zügig voran und liegen im Zeitplan. Doch dann taucht vor Ihnen ein Sonntagsfahrer auf. Der Stresspegel beginnt zu steigen. Dann eine rote Ampel. Noch mehr Stress. Schließlich ein Stau. Stress pur!

Damit Stress entsteht, braucht es zwei Faktoren: Einerseits etwas, das man erreichen will oder muss, andererseits äußere Faktoren, die mit diesem Vorhaben kollidieren. Dies können der zu enge Zeitplan sein, das „Im-Weg-Stehen" von Kollegen oder unvorhersehbare Ereignisse.

Wäre das Ankommen im oben genannten Beispiel nicht so wichtig oder die Verkehrssituation entsprechend günstig, würde Ihr Stresspegel kaum messbar sein. Mit anderen Worten: Für Stress und Burn-out gilt dasselbe: Beide entstehen dann, wenn Sie aufgrund äußerer widriger Umstände nicht das erreichen, was Sie erreichen wollen oder erreichen müssen. Zuerst entsteht Stress – dann Burn-out.

Angenommen, Sie stehen unter Stress: Was würde denn passieren, wenn Sie sich diesen Stress nicht mehr antun würden? Was würden Sie verlieren? Und was wäre dann? Würde etwas eintreten, das Sie befürchten? Und was dann?

Wie Sie sehen, können Sie hier dieselben Fragen stellen wie beim Burn-out. Stress und Burn-out gehen auf denselben Antreiber zurück.

Burn-out überwinden

Um einen Burn-out nachhaltig zu überwinden, ist es nötig, das System zu durchschauen, das zum Ausbrennen führt. Zu diesem System gehören die äußeren Umstände, aber auch die innere Disposition. Da wir auf die äußeren Umstände nur begrenzt Einfluss haben, ist es wichtig, sich mit den Fragen nach der inneren Disposition auseinanderzusetzen:

Fragen Sie sich:

- Was will ich erreichen?
- Warum will ich erreichen, was ich erreichen will?
- Wovor habe ich Angst?
- Wer bin ich?
- Was macht mich, was meinen Wert aus?
- Welches Bild von mir möchte ich gern nach außen hin vermitteln und warum?
- Was treibt mich?
- Was frustriert mich und warum?
- Welche Denk- und Handlungsmuster bestimmen mein Leben?

Von diesen Fragen ausgehend können Sie anfangen, Ihre Ängste, Ziele, Grundüberzeugungen und inneren Leitsätze kritisch zu überprüfen.

Fragen Sie sich weiter:

- Ist meine Angst tatsächlich begründet?
- Bin ich wirklich nur dann „jemand", wenn ich besser bin als andere, wenn ich herausrage aus der „grauen Masse"?
- Verliere ich wirklich das Wohlwollen der andern, wenn ich sie möglicherweise enttäusche und „Nein" sage?
- Bin ich wirklich nur dann gut, wenn ich perfekt bin und keine Fehler mache?
- Laufen die Dinge wirklich nur dann gut, wenn ich mich selbst darum kümmere und die Kontrolle behalte?

Vielleicht sagen Sie: *„Ja, so ist es! Genau diese Erfahrung habe ich schon gemacht."* Nun, das will ich Ihnen gerne glauben! Denn ohne diese Erfahrungen hätten Sie heute nicht Ihre innere Überzeugung. Das Problem ist, dass Erfahrungen meist nur auf einem Ausschnitt der Wirklichkeit beruhen und sich mit der Zeit zu selbsterfüllenden Prophetien entwickeln.

Beispiel
Angenommen, Sie wurden als Kind von einem Hund gebissen. Ihre Erfahrung: Hunde können beißen! Als Sie beim nächsten Mal einen Hund sahen, bekamen Sie Angst und rannten davon.

Durch Ihr Wegrennen wurde in jenem Hund der Jagdinstinkt geweckt. Sie wurden erneut gebissen. Nun hatte sich Ihre Erfahrung verfestigt: Hunde beißen! Heute haben Sie Angst vor Hunden. Ihr ganzes Leben haben Sie dahingehend ausgerichtet, dass Sie nie, wirklich nie, einem Hund begegnen. Ganz zu schweigen davon, dass Sie einen streicheln würden!

Was, wenn ich Ihnen nun sage, dass nicht alle Hunde beißen? Und was, wenn ich damit recht hätte? Sie verstehen, was ich damit sagen will! Sie mögen Erfahrungen gemacht haben. Was aber, wenn die Schlüsse, die Sie damals gezogen haben, die falschen waren oder nur zum Teil zutreffen? Was, wenn Sie heute mit Ihren Grundüberzeugungen einer Lebenslüge aufsitzen? Zumindest sollten Sie diese Möglichkeit in Betracht ziehen!

30 *Ihre inneren Leitsätze, Ihre verborgenen Ängste und Ziele wirken wie Antreiber. Deshalb spielen sie eine Schlüsselrolle – sowohl bei der Frage, wie es zum Burn-out kommen konnte, als auch bei der Frage, wie dieser überwunden werden kann. Darum: Je präziser und ehrlicher (!) die Analyse, desto aussichtsreicher die Chance, die Denk- und Verhaltensmuster zu überwinden, die zu Ihrem jetzigen Zustand geführt haben.*

5.4 Therapie

„Rien ne va plus" – nichts geht mehr. Wer am Burn-out-Syndrom leidet, steckt in weit mehr als in einem vorübergehenden Formtief! Das Burn-out-Syndrom mit seinen Begleiteigenschaften hat das Potenzial, sich zu einer handfesten Krise auszuweiten – sowohl beruflich als auch privat. Berufsunfähigkeit, finanzielle Einbußen, Beziehungskrise und das Zerbrechen von Beziehungen durch den emotionalen Rückzug, Isolation sind nur einige der Stichworte, die dann relevant werden. Von den Betroffenen stehen am Ende nicht wenige vor den rauchenden Trümmern ihrer einstmals so hoffnungsvollen Zukunft.

Doch so weit muss es nicht kommen! Ihr Lebenslauf muss nicht zwingend in der Sackgasse enden. Sie haben in diesem Buch manches über das Burn-out-Syndrom erfahren und möglicherweise auch etwas über sich selbst. Sie haben Anregungen erhalten, wie Sie sich präventiv vor einem Burn-out schützen können, und Tipps, was Sie im Anfangsstadium unternehmen können. Ich mache Ihnen Mut, das, was Sie erkannt haben, auch anzugehen! Ein Coach oder professioneller Berater kann Sie darin maßgeblich unterstützen. Im fortgeschrittenen Stadium eines Burn-outs rate ich Ihnen jedoch dringend zu einer Therapie. Diese kann – je nach Notwendigkeit – ambulant oder auch stationär erfolgen. Erkundigen Sie sich bei Ihrem Hausarzt oder einschlägigen Beratungsstellen nach Angeboten oder Einrichtungen. Wichtig ist, dass Sie es mit einem Spezialisten zu tun haben, der sowohl Sie mit Ihren inneren Leitsätzen und Werten im Blick hat als auch die äußeren Umstände und betrieblichen Zwänge, denen Sie ausgesetzt sind.

Seien Sie sich im Klaren darüber: Der Weg heraus aus dem Burn-out wird kein Nachmittagsspaziergang! Sie brauchen Zeit und Geduld – auch mit sich selbst. Es kann Wochen, oft Monate, manchmal Jahre dauern, bis Sie wieder im Vollbesitz Ihrer Kräfte sind. Das heißt nicht, dass Sie so lange aus dem Verkehr gezogen sind. Häufig ist ein Wiedereinstieg in den Beruf bereits nach kurzer Zeit möglich. Allerdings sollten Sie damit rechnen, dass Ihnen diese Erfahrung für eine Weile „in den Kleidern" hängen bleibt und Sie sich erst wieder vorsichtig „ins Leben hineintasten" müssen. Sie werden vermutlich Verhaltensmuster, Werte, Leitsätze, aber auch Systeme (problematische Familienbeziehungen, betriebliche Interaktionsmuster usw.) verändern müssen, die sich über 30, 40 oder 50 Jahre tief eingegraben haben. Gehen Sie nicht davon aus, dass Ihnen das innerhalb weniger Wochen gelingt!

Auch wenn es Sie vielleicht einige Anstrengung kostet: Das Burn-out-Syndrom kann überwunden werden – nachhaltig. Viele vor Ihnen haben das geschafft!

Sie haben die Chance ergriffen, die in jeder Krise steckt, und haben den Kollaps ihrer Leistungsfähigkeit zum Anlass genommen, um grundsätzlich über ihr Leben und dessen Sinn nachzudenken. Daraus sind neue Wertmaßstäbe entstanden, eine neue Ausrichtung und letztlich ein tragfähiges Fundament. Ich selbst musste vor vielen Jahren durch diesen Prozess. Und so schmerzlich er auch war: Bis heute bin ich unendlich dankbar für das, was ich dadurch über mich gelernt habe.

Bei einem sich anbahnenden oder bereits akuten Burn-out haben Sie verschiedene Interventionsmöglichkeiten. Diese sind abhängig von der verbliebenen Energie, die Ihnen noch zur Verfügung steht:

- *Sie können auf das äußere Umfeld Einfluss nehmen, welches die Entstehung eines Burnouts begünstigt.*
- *Da ein Burn-out jedoch nie ausschließlich auf die äußeren Umstände zurückzuführen ist, sollten Sie einen Schritt weiter gehen und Ihre eigenen Verhaltensmuster überprüfen.*
- *Um diese wirksam verändern zu können, müssen Sie Ihren inneren Glaubenssätzen auf die Spur kommen, die wie „Antreiber" wirken.*

Fast Reader

1. Burn-out – vorübergehendes Tief oder kritischer Zustand?

Der Begriff „Burn-out" stammt ursprünglich aus einem technischen Umfeld. Dieser Gebrauch lässt sich auf den Menschen übertragen: Vom Burn-out-Syndrom Betroffene „laufen heiß" oder verlieren aufgrund mangelnder Energiezufuhr ihre Leistungsfähigkeit.

Aus dem zunächst kaum beachteten ist heute ein oft inflationär gebrauchter Begriff geworden. Dieser Umstand und die Tatsache, dass das Burn-out-Syndrom in seiner Symptomatik häufig einer Depression ähnelt oder in diese übergeht, erschwert eine präzise Diagnose.

Extreme Arbeitsbelastung und Leistungsbe-reitschaft können einen Teufelskreis auslösen, der zu Burn-out führt:

- *Beachten Sie die für Burn-out typischen Merkmale der körperlichen und seelischen Erschöpfung.*
- *Der heute oft leichtfertige Sprachgebrauch und die Nähe zur Depression erschwert die präzise Diagnose.*
- *Das Gefährliche am Burn-out-Syndrom: ein „schleichender" Energieverlust.*

2. Symptome

Beim Burn-out treten
- *emotionale,*
- *soziale,*
- *intellektuelle und*
- *körperliche Symptome*
in unterschiedlichen Ausprägungen auf. Diese sind nicht nur Folgen, sondern zum Teil auch Beschleuniger des Erschöpfungszustands. Je früher Anzeichen für einen Burn-out erkannt werden, desto schneller können der Burn-out-Teufelskreis unterbrochen und negative Folgen für die Gesundheit vermieden werden.

3. Ursachen

*Ungünstige Rahmenbedingungen im Berufs-
und Privatleben erhöhen das Burn-out-Risiko.
Als alleinige Erklärung für ein Ausgebranntsein
reichen sie jedoch nicht aus.*

*Bei der Entstehung des Burn-out-Syndroms
spielen neben den äußeren, widrigen Umständen
die Persönlichkeitsstruktur des Betroffenen,
dessen Wünsche und Ängste eine wesentliche
Rolle.*

*Wenn der Betroffene mit seinen inneren
Ängsten, Wünschen und Zielen auf bestimmte,
für ihn ungünstige äußere Umstände trifft, besteht akute Burn-out-Gefahr!*

*In einem „gesunden" System stehen Energie-
abgabe und -zufuhr in einem weitgehend ausgeglichenen Verhältnis. Übersteigt die Energieabgabe auf längere Zeit die -aufnahme, brennen
die Betroffenen über kurz oder lang aus.*

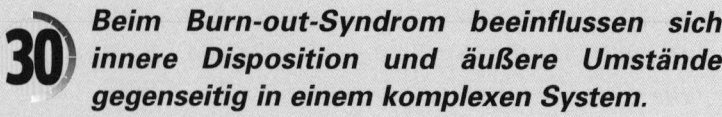

**Beim Burn-out-Syndrom beeinflussen sich
innere Disposition und äußere Umstände
gegenseitig in einem komplexen System.**

- *Das Burn-out-Syndrom ist das Ergebnis eines gestörten Energiehaushalts.*
- *Eine übermäßige Belastung am Arbeitsplatz wirkt sich auch negativ auf das Privatleben aus.*
- *Umgekehrt können auch Probleme im privaten Umfeld Burn-out auslösen.*

4. Risikogruppen

Führungskräfte sind dem Burn-out-Risiko besonders ausgesetzt, da sie unter ständigem inneren und äußeren Erfolgsdruck stehen und mit nicht immer einfachen Rahmenbedingungen zu kämpfen haben.

Das Burn-out-Risiko ist besonders hoch bei diesen beiden Gruppen:

- *Führungskräfte in der Wirtschaft sind dem Burn-out-Risiko besonders ausgesetzt, da sie unter ständigem inneren und äußere Erfolgsdruck stehen.*
- *Bei Mitarbeitern in sozialen Berufen steht meist der Wunsch, Menschen zu helfen, im Vordergrund. Diesem jedoch stehen häufig die unsicheren Erfolgsaussichten und man-*

gelnden Ressourcen entgegen, was die Ge-
fahr, auszubrennen, deutlich erhöht.

5. Gegenmaßnahmen

Schreiten Sie rechtzeitig ein und ergreifen Sie
die erforderlichen organisatorischen Maßnah-
men in Ihrem Unternehmen!

Auch wenn sich die äußeren Umstände nicht
verändern lassen, haben Sie durch persönliche
Gegenmaßnahmen die Chance, ein Ausbrennen
Ihrerseits zu verhindern.

Ihre inneren Leitsätze, Ihre verborgenen Ängste
und Ziele wirken wie Antreiber. Deshalb spielen
sie eine Schlüsselrolle – sowohl bei der Frage,
wie es zum Burn-out kommen konnte, als auch
bei der Frage, wie dieser überwunden werden
kann. Darum: Je präziser und ehrlicher (!) die
Analyse, desto aussichtsreicher die Chance, die
Denk- und Verhaltensmuster zu überwinden, die
zu Ihrem jetzigen Zustand geführt haben.

 Bei einem sich anbahnenden oder bereits aku-
ten Burn-out haben Sie verschiedene Interven-

tionsmöglichkeiten. Diese sind abhängig von der verbliebenen Energie, die Ihnen noch zur Verfügung steht:

- *Sie können auf das äußere Umfeld Einfluss nehmen, welches die Entstehung eines Burnouts begünstigt.*
- *Da ein Burn-out jedoch nie ausschließlich auf die äußeren Umstände zurückzuführen ist, sollten Sie einen Schritt weiter gehen und Ihre eigenen Verhaltensmuster überprüfen.*
- *Um diese wirksam verändern zu können, müssen Sie Ihren inneren Glaubenssätzen auf die Spur kommen, die wie „Antreiber" wirken.*

Der Autor

 Frank H. Berndt, Jahrgang 1969, verheiratet, studierte in der Schweiz und ist Gründer der Fachberatungsstelle für Burn-out (www.burnout-fachberatung.de). Diese unterstützt Unternehmen und Organisationen, bzw. deren Führungskräfte und Mitarbeiter, durch Seminare, Workshops und Coaching im Bereich „Burn-out" und „Burn-out-Prävention".

Sein erstes Burn-out-Seminar hielt er 1998 ... lange bevor diese Thematik ins Blickfeld der Öffentlichkeit geriet.

Weiterführende Literatur

- Baus, Lars: E-Mail-Flut statt Büffeljagd. Das Anti-Stress-Buch für Vielbeschäftigte. GABAL, Offenbach 2010

- Berndt, Frank: Wenn Ihr Energiehaushalt aus dem Gleichgewicht kommt. Das Burn-out-Syndrom verstehen und überwinden. In: Handbuch Sozialmanagement, Berlin 2006

- Burisch, Matthias: Das Burnout-Syndrom. Theorie der inneren Erschöpfung, Berlin, Heidelberg 1994

- Freudenberger, Herbert-J. & Richelson, Geraldine: Ausgebrannt. Die Krise der Erfolgreichen – Gefahren erkennen und vermeiden, München 1980

- Maslach, Christina & Leiter, Michael: Die Wahrheit über Burnout. Stress am Arbeitsplatz und was Sie dagegen tun können, Wien 2001

- Ruthe, Reinhold: Wenn's einfach nicht mehr weitergeht. Strategien gegen Stress, Arbeitssucht und Burnout, Moers 2003

Register